Ce livre appartient à

RETROUVEZ

TITEUF

DANS LA BIBLIOTHÈQUE ROSE

c'est pô une vie...

même pô mal...

c'est pô croyab'

c'est pô malin...

pourquoi moi ?

les filles, c'est nul...

tchô, la planète !

le préau atomique

Ah ouais, d'accord...

au secours !

ZEP

titeuf

au secours !

Adaptation : Shirley Anguerrand

HACHETTE

Hachette Livre, 43, quai de Grenelle, 75015 Paris.

1

D'abord, je me suis étiré le bras pour attraper la bombe de mousse à raser sur la tablette sans faire tomber tous les autres trucs. Ensuite, comme font les hommes, les vrais, comme mon papa et moi, j'ai appuyé sur le pulvérisateur et ça m'a projeté un gros caca de mousse dans le creux de la main (on dirait de la chantilly mais il faut pas la manger : j'ai essayé une fois et c'est dégueulasse). Je me suis étalé la mousse sur la figure et j'ai commencé à me raser.

J'ai bien tout passé partout le rasoir jusqu'à ce qu'il y ait plus de mousse en faisant des rangées comme quand mon tonton Robert passe la tondeuse sur la pelouse. Ensuite j'ai rincé et séché ma figure et c'était terminé.

Et puis je suis allé dire au revoir à maman.

Maman m'a fait son bisou sans rien dire alors je suis retourné me raser.

Maman m'a refait un bisou et elle m'a ouvert la porte pour que je parte à l'école.

Elle m'a fait un petit signe de la main pour me dire « à tout à l'heure » et c'est tout. Autant vous dire que j'étais vraiment hyper-déçu.

2

PAPA EST UN BLAIREAU

Quand papa est à son bureau avec son album de timbres, c'est hyper-dur de l'obliger à répondre aux questions parce qu'il arrête pas de dire qu'on le dérange.

Mais moi quand j'ai une question, c'est vachement important. Et cette fois-là, j'avais plein de questions et elles étaient toutes vachement importantes. J'ai d'abord demandé à papa combien de fois il comptait se marier. Il m'a répondu d'un air que ma question était bizarre.

Quand je suis revenu lui demander si des fois il roulait à contresens sur l'autoroute, il m'a dit que

« jamais » et je suis reparti chercher mon autre question.

Papa a fait sa tête du type qui va me gueuler dessus mais il s'est un peu marré quand je lui ai demandé s'il avait jamais non plus découpé la concierge en morceaux. Il a même répondu qu'il était désolé en souriant de travers comme si j'étais rigolo de lui demander des trucs pareils. Et puis il a plongé le nez dans son album et il s'est remis à trier ses timbres avec un air que la passion de sa vie ce serait la poste. Je sentais bien qu'il était plus très attentif à moi mais moi j'en avais encore une et fallait que je la lui pose parce que c'était la question de la dernière chance.

Et tout à coup, paf : papa s'est mis à hurler comme un malade qu'il allait pas détourner d'avion et qu'il allait plutôt continuer à classer ses timbres et que « allez ouste » dans ma chambre.

3

Papa et maman étaient déjà venus plein de fois manger chez madame Blondin et ils connaissaient super bien sa spécialité. Moi j'en avais jamais mangé mais les parents en avaient vachement parlé et ça me donnait hyper-envie d'y goûter.

D'ailleurs, madame Blondin

a même dit qu'elle allait me servir en premier parce que c'était ma première fois que j'en mangeais. J'étais pô trop sûr que sa spécialité, c'était le même plat que celui dont les parents parlaient tout le temps à la maison alors j'ai demandé.

Les parents ont fait le même

genre de tête que madame Blondin : avec des yeux énormes. Il m'a bien semblé en plus que papa essayait de me toucher le pied sous la table comme pour me faire des signes. Il avait l'air gêné tout rouge et il a dit que « mais non voyons, c'est un plat délicieux » en bégayant comme mon pote Basil et moi j'y comprenais rien.

Maman a dit qu'elle en voulait à tout prix et papa a ajouté : « Mais bien sûr. » Alors pour être poli aussi, j'ai crié : « Ouais !! Moi j'veux goûter le bourre-cochon ! » C'est là que personne sait pourquoi mais les parents se sont levés de table.

Madame Blondin a pô du tout cherché à nous faire rester comme si ça l'arrangeait bien qu'on parte. Dans l'escalier, maman furieuse a dit qu'elle avait honte et que madame Blondin nous inviterait plus jamais à manger et papa furieux a rajouté « plus jamais ! C'est sûr ! »

4

C'était pô la première fois que je voyais ce type passer comme un missile sous mon nez. Ça me faisait même un peu comme quand on a la trouille sauf que moi j'ai jamais la trouille de ma vie.

Je le trouvais trop big de la

mort. Le type, à lui tout seul, c'était qu'un minable ; là où il avait la classe, c'était aux pieds : des top-mortels rollers on line qui glissent à 8 000 à l'heure et ça fait pas un bruit.

Quand j'ai demandé les mêmes à papa, il aurait pu répondre « non » et c'est tout. Mais il a fallu qu'il rajoute sa petite phrase pourrie...

J'ai quand même pris ses crin-crins de ringard qui puent pour les essayer.

Je me disais que peut-être, avec de la chance et un bon style, je pourrais avoir la classe comme avec des patins normaux on line.

L'erreur de gros nul de débutant, ça a été de les essayer dans la cour de l'école...

J'ai voulu arrêter de me prendre la honte alors j'ai décidé de partir genre discrètement pour enlever ces monstres à roulettes et je me suis mis à essayer de marcher avec... mais c'est pô fait pour...

Ces lâches du zizi se sont bien marrés sur mon dos. Mais j'avais compris deux trucs.

Un : ça devenait hyper-urgent qu'on m'achète des rollers on line, et deux : j'avais un nouveau but encore plus urgent que les on line : défoncer la tronche de ces sales traîtres au vomi qui se sont foutus de moi. Pour ça, il me fallait un bazooka ou un automatique. Donc j'ai demandé à papa...

5

Ça faisait quelques jours seulement qu'on était arrivé à la colo, alors je connaissais pas tout le monde. Mais quand on a encore eu spaghetti bolo comme chaque soir depuis le début, j'ai compris que ça allait sûrement être des vacances trop méga-cool. À table, j'étais assis à côté d'un type apparemment normal. Jusqu'à ce qu'il me la joue humour. Tout gentiment, il me montre mon assiette de bolo et il me dit qu'il y a un truc dedans. Moi, à part les bolos, je voyais rien alors j'ai dit non, et lui il a dit « Si, regarde ! », alors moi, comme un gros débile, je me suis bien penché au-dessus de mes bolos et j'ai regardé...

Ma première réaction, ça a été de l'informer qu'il était vraiment un pôv' débile du zizi sexuel. Mais comme ça le faisait toujours marrer, j'ai parlé des petits Noirs qui meurent de faim à cause de salauds comme lui.

Il a répondu que les petits Noirs avaient qu'à venir en colo.

C'est mon assiette de bolo dans la tronche qui l'a calmé. Ce gros naze riait plus du tout et je me suis dit que j'aurais dû lui balancer les bolos tout de suite au lieu de parler. En tout cas, on a commencé à se battre et je lui mettais une toute belle raclée si le moniteur était pô venu sauver la vie de cette larve.

Le mono nous a lâchés à l'entrée du réfectoire. On aurait pu continuer à nous taper dessus mais on était plus dans la bonne ambiance alors, la pourriture du slip et moi, on s'est assis sur les marches.

6

Cette boutique de farces et attrapes, avec Manu, on y va tout le temps. On pourrait rester des heures et des heures à regarder tous les trucs géniaux qui sont à vendre.

C'est là que j'ai acheté le super-coussin péteur qui m'a servi vachement longtemps jusqu'à ce que papa me le confisque pour m'apprendre qu'il faut pas faire ce genre de blagues à madame Blondin qui venait pour se réconcilier. Bref, ce jour dont je parle, à la boutique, on a acheté une crotte en plastique. La top-classe, comme une vraie sans l'odeur. Après l'école, on est allés au fond du préau et on a posé la crotte pour avoir le concierge.

On était morts de rire cachés derrière le mur. Le concierge a vu la crotte et il s'est approché d'elle comme si de rien n'était. C'était pliant ! Un moment on a pensé qu'il se ferait pô avoir, mais si ! Il a pris notre crotte pour une vraie ! On pouvait plus se tenir tellement c'était poilant !

On a pas résisté : on a suivi le concierge qui portait toujours notre crotte dans son seau.

On se marrait vraiment d'attendre sa réaction : il a vidé son seau dans la grande poubelle et on l'a suivi quand il a sorti la poubelle sur le trottoir. Après on a attendu le camion pour voir ce qu'ils allaient faire.

Quand toute la poubelle a été vidée dans le camion de ramassage, les éboueurs l'ont remise sur le trottoir et ils sont partis.

Et puis voilà.

7

Monsieur Chevalier, c'est notre prof de gym. Il est plutôt sympa avec nous. Et puis, comme prof de gym on l'aime bien parce qu'il a jamais insisté pour nous faire grimper à une corde. Même pô la corde à nœuds.

En plus, tous les jours en

arrivant, il nous dit bonjour. Ce matin-là, François se penche vers nous comme pour nous dire un secret qu'il aurait juré de pas répéter. Il a pris son air vicieux et il a dit que monsieur Chevalier, il avait quatre enfants. Nous on a dit « Et alors ? » et François a dit « Et alors ça veut dire qu'il a fait-quatre fois l'amour ».

Manu, il a levé le doigt en l'air pour parler genre premier de la classe qui sait tout mieux que les autres et il a dit qu'on était vraiment des nuls, qu'on fait l'amour une bonne fois pour toutes et qu'après, le nombre d'enfants, ça dépend des chromosomes. François qu'est fils unique, il a pô tellement aimé l'explication de Manu.

François était vraiment tellement sûr que monsieur Chevalier avait fait l'amour quatre fois, qu'à la fin on l'a cru. Même Manu. François a même ajouté ce truc ignoble : il a dit que sa dernière fille à monsieur Chevalier elle avait seulement trois mois. Donc il venait tout juste de la faire.

Et puis aussi, monsieur Chevalier, il nous parlait comme si de rien n'était, mais si ça se trouve, il aurait peut-être un cinquième enfant. Et nous, on savait bien ce que ça voulait dire...

8

Faut voir comment il était fier de son ordinateur, François. En plus, c'était même pô le sien mais celui de son père. En fait, François, il frimait surtout pour dire qu'il était fier de son père.

François a commencé à donner des détails du genre que l'ordinateur, il avait cinquante programmes sur disque dur et un scanner couleurs. Moi j'ai dit que mon pépé aussi, il avait un scanner. Des reins, même. Mais je savais pas si c'était en couleurs.

Je sais pas pourquoi, il faut toujours qu'Hugo il détourne la discussion vers des sujets dégueulasses. Alors, leurs histoires de vingt méga-bites, j'ai dit ce que j'en pensais : que c'était dégueulasse. François a commencé à se foutre de moi.

J'avais pô l'intention de me laisser foutre de la gueule sans rien faire. Alors quand François s'est mis a m'insulter de combien de pouces il me mettait dans l'écran, j'ai vu rouge et je lui ai dit que son ordinateur, c'était tout des trucs sexuels où on peut même pas jouer dessus.

Je suis parti de chez François en laissant ces deux gros nazes et j'y reviendrai plus jamais de ma vie. Ces deux nuls me criaient par la fenêtre de retourner dans ma grotte mais je m'en foutais presque complètement.

9

Marco, c'est un peu le top méga-frimeur pour plein de trucs. Surtout pour le skate-board et surtout surtout avec Nadia. Si en plus il se mettait à frimer qu'il allait avoir un petit frère, c'était trop.

Seulement voilà. Pour avoir ce petit frère, Marco avait trouvé un truc. Nous, on avait vachement envie de savoir ce que c'était, un peu pour nous en servir à avoir aussi un petit frère et aussi un peu juste pour savoir.

Marco nous a expliqué.

Manu savait pô du tout ce que c'était des capotes (tcheu, la honte !), alors Marco lui a expliqué que c'étaient des capuchons que tu mets dans le ventre de la mère et le bébé du coup il peut pas respirer. J'ai dit que ça, je le savais déjà, alors Marco nous a donné son secret technique.

En rentrant à la maison, avec Manu, ça nous travaillait pas mal la tête, toute cette histoire, et on en a discuté jusqu'à la maison. Je crois que Manu avait assez envie d'un petit frère mais il en parlait pô et moi non plus.

N'empêche que la technique de Marco avait l'air pô débile du tout et que ça poussait quand même vachement à réfléchir...

C'est les parents qu'allaient être contents !

10

Sur la place pas loin de l'école, des fois y'a des types qui viennent jouer de la musique et y'a aussi celui qui vient avec une chaîne portable et qui fait du rap sur du rap. Enfin... en plus clair : il danse du rap sur de la musique rap.

D'abord il installe tout son matériel, ensuite il choisit son CD et puis il fait partir la musique à fond. Et là, c'est la top-classe. Il commence à faire des figures super simples juste avec les mains qui bougent et le corps comme s'il était branché sur dix mille volts. Et puis, tout à coup il se jette par terre et il fait des tas de trucs délires.

Ce type, il a tout : la méga-musique avec du super matos et les fringues qui vont avec.

Il a même des lunettes noires « hyper-tendance » comme ils disent dans les magazines que maman s'achète. En plus, ses lunettes, au type, elles tombent jamais pendant les figures, même quand il tourne sur la tête hyper-vite.

Il danse vraiment vachement bien le rap et avec Manu, on l'a bien regardé pour voir comment il faisait et on a remarqué que son truc, c'était tourner sur quelque chose. Tourner sur son dos, tourner sur une main, tourner sur deux mains et aussi tourner sur la tête. Du coup, ça nous a plus paru si compliqué et on s'y est mis. C'est surtout Manu qui s'y est mis...

Manu a pensé que c'était de ma faute si ça avait pas aussi bien marché qu'on voulait.

Mais moi, je lui ai dit que c'était normal que le rap, ça râpe.

En plus, il avait quand même hyper-bien tourné sur la tête.

11

Je me suis fait mal à la tête à force de réfléchir à ce que je pourrais bien inventer pour que Nadia s'intéresse à moi.

J'ai trouvé d'un seul coup comme dans les histoires des bandes dessinées où le type a une ampoule qui s'allume au-dessus de sa tête. Mon idée, elle était carrément géniale : inviter Nadia au parc d'attractions et me retrouver assis seul à côté d'elle dans une auto-tamponneuse.

Quand j'ai fini d'écrire mon mot, je l'ai plié et j'ai demandé à Manu de le faire passer à Nadia. Devant Manu, y'avait Vomito. Jusque-là, ça se passait normalement.

C'est au moment où Vomito a pris le papier que ça s'est gâté. Il a ouvert mon mot et s'est mis à le lire comme si c'était normal. Moi je lui ai gueulé dessus que c'était secret. Mais cette boîte à gerbe de Vomito l'a tout lu quand même et puis après il l'a passé à Ramon en disant de faire passer à Nadia sans lire parce que c'était secret.

Mon mot a fini par arriver à Jean-Claude et Hugo...

...et il venait d'atteindre Nadia qui l'a déplié pour le lire et...

Cette vieille guenon de maîtresse qui se mêlait une fois de plus de pas ses oignons avait encore frappé. Mais, bien fait pour mamie la binocleuse : Nadia avait quand même eu le temps de lire mon mot.

12

Vu la tronche de Steph, y'avait pô besoin d'être le cerveau d'Einstein pour comprendre qu'il était super dépressif parce que son super-méga plan avait foiré.

Steph s'est traîné jusqu'à

nous comme si il avait toute la misère du malheur sur le monde et il s'est effondré comme une grosse bouse contre le tronc de l'arbre. Il a seulement dit : « Ça a pas marché. »

C'est là que Jean-Claude est arrivé avec sa tête du type qui crève d'envie de savoir ce qui se passe. D'ailleurs, c'est ce qu'il a demandé.

Pôv' Steph, il était détruit. Pourtant fallait pas qu'on se laisse abattre. On a cherché ce qui avait bien pu foirer dans l'opération séduction de Steph.

On a demandé à Steph s'il s'était tout préparé comme on doit pour être craquant avec les filles. Mais à chaque question, il avait tout bon.

On essayait de trouver des astuces pour contourner l'ennemi et rattraper la foirade de Steph mais on commençait à se dire qu'en fait, peut-être que Cathy, elle voulait pas de Steph et c'est tout. Et puis là, Jean-Claude a dit que Steph aurait dû faire un cadeau à Cathy. Steph a répondu que c'était fait.

Là, on a compris que c'était super foutu. Steph est reparti en se traînant et en couinant qu'il avait plus qu'à mourir tout seul avec ses game-boys et avec Manu on trouvait ça dommage. C'était vraiment foutu, là, d'accord, mais tout était peut-être pas perdu pour tout le monde...

13

TCHEU LA HONTE

Mon papa était au chômage depuis une semaine. À cause d'une compression personnelle et puis aussi parce qu'ils avaient supprimé la poste. Enfin, un truc comme ça...

En tout cas, c'était pô la superforme de la méga-joie mais papa a dit qu'il allait en profiter pour s'occuper plus de moi.

Il avait l'air vraiment content qu'on soit plus souvent ensemble, mais le problème, c'est qu'il s'est mis à m'accompagner tous les jours à l'école...

Déjà, que Nadia et ses copines me voient tous les matins avec papa c'était les boules. Mais en plus, honte de la honte, il me tenait la main.

Et je vous parle pas de comment je me sentais quand il sortait sa petite phrase pour bébé.

Il m'épargnait rien : des fois, il remontait mon pantalon ou se baissait pour refaire mes lacets. Et c'est quand je croyais avoir vraiment touché le fond du fond de la honte des familles que, devant tous les potes, papa lâchait sa dernière bombe.

Je le voyais partir et j'étais super soulagé et puis, paf ! il se retournait pour me dire un truc qui tue du genre « À ce soir mon Titounet ». C'est là que j'ai su que je tiendrais jamais et qu'il fallait agir vite.

14

Chaque fois que mon tonton Raymond vient à la maison, c'est la même chose : il se trimbale partout avec son caméscope et il me suit pour me filmer même quand je suis en train de manger à table.

C'est horrible, c'est encore pire que les espions dans les films de James Bond.

En plus, il fait des commentaires pourris genre « Alors, c'est bon les épinards ? » pour animer son film.

Le pire, c'est qu'on se retape toute la journée le soir à la télé.

Dès que je peux, à un moment de la journée, j'essaie de partir loin me balader pour lui échapper, mais ce pot de colle me suivrait jusqu'aux toilettes si je fermais pas la porte.

Il me reste qu'à trouver un moyen de le piéger. Et des fois, j'y arrive. Comme le coup où je me suis planqué et qu'il m'a suivi comme un débile en me filmant...

La dame, elle a pô beaucoup aimé le zoom sur sa culotte.

On peut pas vraiment dire que ça se soit hyper-bien terminé pour mon tonton.

Moi, par contre, pour une fois, j'avais trouvé chouette la journée avec tonton Raymond.

Table

tchô!

La collec...

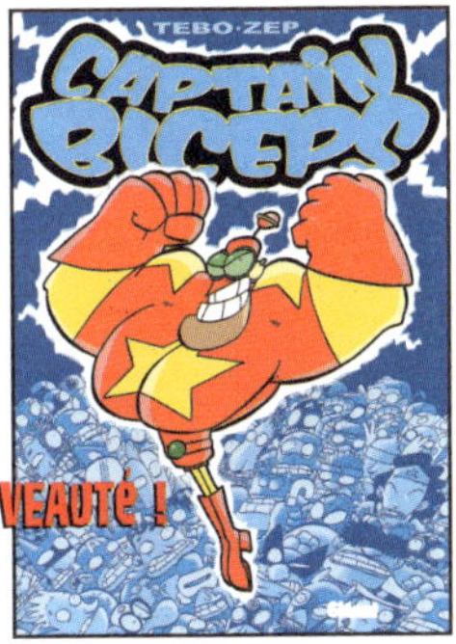

NOUVEAUTÉ !

Par Zep & Tebo
tome 1 à paraître

Dans toutes les cours de récré

Par Supiot & Baptizat
5 tomes parus

Par Dab's
4 tomes parus

Par Bertschy
4 tomes parus

Par Tehem
2 tomes parus

Par Boulet
2 tomes parus

Par Lisa
1 tome paru

LA BIBLIOTHÈQUE ROSE
J'adoOOOre !
HÉ ARNOLD!
Francesca Simon
ANATOLE
est prêt à tout
À partir de 8 ANS
www.hachettejeunesse.com

Imprimé en France par Qualibris ***(J-L)***
n° dépôt légal : 80218 - novembre 2006
20.20.0832.05/4 - ISBN : 2-01-200832-1
Loi n°49-956 du 16 juillet 1949
sur les publications destinées à la jeunesse